Bernd-Lutz Lange

Bonzenschleuder und Rennpappe

Der Volksmund in der DDR

Mit Illustrationen von Ulrich Forchner

Eichborn.

Die Deutsche Bibliothek − CIP-Einheitsaufnahme

Lange, Bernd-Lutz:
Bonzenschleuder & Rennpappe : der Volksmund in der DDR /
Bernd-Lutz Lange. − Frankfurt am Main : Eichborn, 1996
    ISBN 3-8218-3410-2
NE: Lange, Bernd-Lutz: Bonzenschleuder und Rennpappe

1. Auflage Forum Verlag, Leipzig
2. Auflage
© Vito von Eichborn GmbH & Co. Verlag KG, Frankfurt am Main, Januar 1996
Umschlaggestaltung: Rüdiger Morgenweck
unter Verwendung einer Zeichnung von Ulrich Forchner.
Gesamtherstellung: Fuldaer Verlagsanstalt GmbH.
ISBN 3-8218-3410-2
Verlagsverzeichnis schickt gern:
Eichborn Verlag, Kaiserstraße 66, D-60329 Frankfurt am Main

Inhalt

Liebe Leserin, lieber Leser,

in vierzig Jahren DDR konnte der Volksmund seine Kreativität beweisen. Schier unerschöpflich erfand er Namen für Dinge und Situationen des Lebens, originelle Bezeichnungen, die manchmal auch den Ansatz von Widerstand in sich tragen. Sie sind sozusagen die kürzesten politischen Witze, die es gibt.

Dies ist kein Buch für DDR-Nostalgiker. Ein (alter und neuer) Redakteur der Leipziger Volkszeitung unterstellte mir in seiner Rezension, daß ich einige Formulierungen erfunden hätte, weil er sie nicht kannte. Als hätten diese Wörter zum Sprachgebrauch der Genossen Redakteure gehört!

Unserem Wunsch nach Ergänzungen sind viele ehemalige DDR-Bürger nachgekommen – ihre Namen sind am Schluß des Buches aufgeführt. Dadurch konnte die zweite Auflage um einige Seiten erweitert werden. Besonderen Dank sage ich Herrn Prof. Dr. Ewald Lang von der Humboldt-Universität zu Berlin, Herrn Reinhard Dorn, Leipzig, und Herrn Gunter Kuhs, Halle.

Bernd-Lutz Lange

Die DDR mit der Partei an der Spitze!

Honniland
Land der begrenz-
ten Unmöglichkeiten
Deutschnkratschreplik
Dädäräh

Erich Schenk

Russe de luxe
Zoni
Ossi

Alu-Chips
Ostlappen
Ostkohle
Spielgeld
Holz-Dollar
Kosaken-Dollar
Softies

Ein Pfund

Bei uns drüben

DDR – Honni war der Spitzname
von Erich Honecker (1912-1994)

Von den drei Großbuchstaben DDR
abgeleitet

Honecker wurde wegen der vielen
Solidaritätsabgaben so genannt

DDR-Bürger

Mark der DDR

Eine weiche Währung

20 Mark der DDR – übliche Be-
stechungssumme, um mit einem
Handwerker oder einem anderen
Beschaffer für irgend etwas ins Ge-
spräch zu kommen

Bundesrepublik Deutschland

Von uns drüben	Waren aus der Bundesrepublik
HO Gesundbrunnen	Synonym für vor dem Mauerbau in Westberlin eingekaufte Konsumgüter
Bundi **Wessi**	Bürgerin oder Bürger der BRD
Blaue **Blaue Fliesen** **Blaue Kacheln** **Bunte** **Dürer-Bild** **Westkohle** **Hardies**	D-Mark Eine harte Währung
Gedämpfte Zunge	»Nationalgericht« der DDR
Bonbon **Existenzellipse** **Warnellipse** **Märchenauge** **Bärenauge** **Gaunerzwecke** **Schwimmkorken** **Marienkäfer**	SED-Parteiabzeichen
Persilabzeichen	Auf dem Abzeichen sind zwei Hände zu sehen, die symbolisch für die Ost-Vereinigung von SPD und KPD standen. Der Volksmund deutete den Händedruck »Eine Hand wäscht die andere!«

7

Webfehler	Das Abzeichen wurde am Revers des Jacketts getragen
Spitzbart **Zickenbart** **Der große Wu** **Onkel Wu** **Ulle Wuppdich** **Sandmännchen**	Walter Ulbricht (1893-1973), DDR-Staats- und Parteichef
August XIII.	Name für W.U. nach dem Mauerbau (13. August 1961)
Puffbohne	Hartnäckig hielt sich das Gerücht, daß W.U. aus zwielichtigen Kreisen stammte
Fichtelbergziege	Ulbricht lief dort gern Ski
Bauch	Wilhelm Pieck (1876-1960)
Brille	Otto Grotewohl (1894-1964)

Tapeten-Hager
Tapeten-Kutte

Kurt Hager (geb. 1912), der sich
gegen jegliche Reformen wandte
und meinte, daß man nicht tapezie-
ren müsse, wenn der Nachbar (die
Sowjetunion) renoviere . . .

Schweinchen Dick

Das korpulente Politbüromitglied
Hermann Axen (1916-1992)

Säufernase

Der trinkfeste Chef des Freien
Deutschen Gewerkschaftsbundes
(FDGB) Harry Tisch (1927-1995)

Sabbelfritze

Der Ostberliner Oberbürgermeister
Friedrich Ebert (1894-1979)

Miss Bildung **Lila Ungeheuer**	Margot Honecker (geb. 1927), Ministerin für Volksbildung
Mineralsekretär	Michail Gorbatschow nach den Maßnahmen gegen Alkoholmiß- brauch in der UdSSR
Russische Sexbilder	Porträts von W.I. Lenin ohne Mütze
Bolschewistenorgel	Die sowjetischen Gesangs- und Tanzensembles traten immer mit Akkordeon auf
Bonzen **Berufsgenossen**	Funktionäre
Bonzenschleuder **Bonzenschlauch**	Der morgendliche Städteschnell- verkehr in die Hauptstadt der Deut- schen Demokratischen Republik, der diverse Leitungskader zu Besprechungen in die Ministerien brachte. (Auch Dienstwagen der SED-Funktionäre wurden »Bonzen- schleuder« genannt.)
Bonzenhausen	Die entsprechenden Ferienheime für Funktionäre der Nationalen Volksarmee, des Ministeriums des Innern und für Staatssicherheit
Wolgadeutsche	Parteifunktionäre, die in sowjeti- schen Autos des Typs »Wolga« durch die Republik fuhren

Wartbourgeoisie	Parteifunktionäre, die bevorzugt mit Autos des Typs »Wartburg« versorgt wurden
Bonzenlümmel	Arriviertes Funktionärskind
Mundwerktätiger **Natschalnik** **Pittiplatsch** **Sakristei-Partisan**	Parteifunktionär
Rotkehlchen	Junger SED-Propagandist
Nebelwerfer	Sekretär für Agitation und Propaganda
Bibelstunde	Parteilehrjahr

Sudel-Ede **Sandmännchen für** **Erwachsene** **Karl-Eduard von** **Knacks**	Der Chefkommentator des DDR-Fernsehens, Karl-Eduard von Schnitzler, der jeden Montag im »Schwarzen Kanal« gegen den bösen Westen zu Felde zog
Appetitzügler **Schwindelblätter**	Die sozialistische Presse
BBU	Böse Bonner Ultras (Die Politiker in Bonn wurden eine Zeitlang von der SED als »Bonner Ultras« beschimpft)
BBKF	Bitterböser Klassenfeind
Märchenstunde	Pioniernachmittag
Märchenonkel	Staatsbürgerkundelehrer
Lappen **Rotzfahne**	Pionierhalstuch
Erichs Ziehkind **Ältester Jugend-** **licher der DDR**	Egon Krenz (geb. 1937), langjähriger Chef des Zentralrats der FDJ
Jubel-Jahn	Günter Jahn (geb. 1930), Vorgänger von Egon Krenz
Der lachende Mann	Nach dem Titel eines DEFA-Dokumentarfilms

Berufsjugendlicher

Schon etwas angejahrter FDJ-Funktionär

Blaufinken

Mitglieder der Freien Deutschen Jugend (FDJ) – wegen der blauen Uniformhemden

Interpimper

Die Weltjugendfestspiele im Jahr 1973 in Berlin. (»Sie zogen aus mit bunten Wimpeln und kehrten heim mit wunden Pimpeln.«)

ABBA-Festspiele

Jegliche FDJ-Großveranstaltungen. Die Erklärung für ABBA: Ankommen, Bläken, Bumsen, Abreisen

Spritzensportler

DDR-Spitzensportler nach Dopingvermutungen

Buschners Rasenkomiker	Die Fußball-Nationalmannschaft der DDR mit ihrem Trainer Georg Buschner
Schiebermeister	»Ehrentitel« für den Berliner Fußballclub Dynamo, die Lieblingsmannschaft von Stasi-Chef Erich Mielke, die sich wegen des »Mitspiels« mancher Schiedsrichter zwischen Aue und Rostock besonderer »Beliebtheit« in den Stadien erfreute
Rote Socke Hundertfünfzigprozentiger Tausendprozentiger	Fanatisches Mitglied der SED

Die junge Garde	Das überalterte SED-Politbüro
Zettelfaltveranstaltung	Die sogenannten »Volkswahlen« mit 99,..-prozentiger Zustimmung

Bitterer Feldweg	»Bitterfelder Weg« – Kulturkampagne der SED (»Kumpel, greif zur Feder!«)
Klassenkrampf	Verballhornung für den unentwegt getätigten Klassenkampf
Maximus-Lenimus Maximum-Lenimum Marxismus-Senilismus	Vor allem unter Studenten verbreitete Formulierung für das Studium von Marxismus-Leninismus
Wunderkunde	Das »WK« abgekürzte Fach Wissenschaftlicher Kommunismus
Rote Woche	Die erste Woche zu Beginn des Studienjahres, die zur intensiven ideologischen Beeinflussung der Studentinnen und Studenten genutzt wurde
Knollentelegramm	Der Bescheid für die Studiosi, an welchen Ort sie zum Ernteeinsatz kommen
Der rote Baron Der Bastler auf dem weißen Hirsch	Manfred von Ardenne, Dresdner Wissenschaftler mit eigenem Institut im Nobel-Stadtteil »Weißer Hirsch« (u. a. Erfinder der Sauerstoff-Mehrschritt-Therapie)

Monolkannibalisten   Verhohnepiepelung für die immer wieder attackierten westdeutschen Monopolkapitalisten

Letzte Ölung   Hinweise bei Dienstreisen für Reisekader ins NSW (Nichtsozialistisches Währungsgebiet)

Mauerspringer   Personen, die mit einem Dauervisum in Richtung Westen ausgestattet waren

Kaderrucksack	DDR-Bürger, die Westverwandte ersten Grades hatten und dadurch kaum eine Chance für Dienstreisen in westliche Länder bekamen
Kaderwelsch	Das Parteichinesisch der SED-Funktionäre
Kaderschmiede	Parteischule bzw. -hochschule
Faultierfarm Lackschuhe Wasserkopf	Die aufgeblähten Verwaltungen in den sogenannten sozialistischen Großbetrieben
Beamtenbagger	Paternoster
Blockflöte	Mitglied einer Blockpartei (CDU, LDPD, NDPD, DBD), die nach den »Noten« der SED spielten
Labildemokraten	Mitglieder der LDPD: Liberaldemokraten
National- bolschewisten	Mitglieder der NDPD: Nationaldemokraten
Rotlichtbestrahlung	Vorträge zur ideologischen Ausrichtung
Runderneuerung	Lehrgänge mit demselben Ziel in Parteischulen

**Geistige Schnell-
besohlanstalt**

So wurde in den 50er Jahren
eine Fakultät der TU Dresden
genannt, die leitenden Genossen
nach einem halben Jahr den Titel
Dipl.-Ing.-Ökonom verlieh

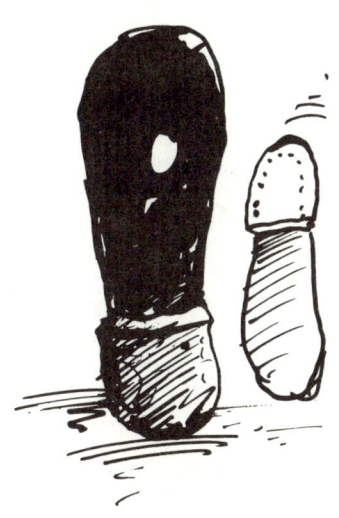

**Sozialistischer
Industrienebel**

Smog

**Das Smogkästchen
der DDR**

Der Betrieb mit der größten
Luftverschmutzung im Land: das
Chemische Kombinat Bitterfeld

VEB Katze

Volkseigener Betrieb mit schlechter
Arbeitsmoral: Pfoten auf den Tisch
und auf die Mäuse warten

**Reptilienfond
Repressalienfond**

Repräsentationsfond in Betrieben
für Feiern und Geschenke

Wahlessen

Schlechtes Kantinenessen: du hast die Wahl, es zu essen oder nicht

Freiwilliges Muß

Der »beliebte« Subbotnik – unbezahlter Arbeitseinsatz am freien Samstag

Atomwaffenfreies Wochenende und guten Westempfang

So verabschiedete man sich zeitweise unter Kollegen am Freitag im Betrieb

OMA-Orden

Anerkennung ohne Geldprämie – Ohne Materiellen Anreiz

Aktentaschenträger

Der Assistent des Generaldirektors eines Kombinats

Mistbomber

In der DDR-Landwirtschaft eingesetzte Agrarflugzeuge aus der ČSSR

Rucksackbulle

Besamungstechniker

Hühnerschreck Hackenwärmer	Fahrrad mit Hilfsmotor
Taigatrommel Taigaschreck	Diesellok sowjetischer Produktion
Zitteraal	Transitzüge von der BRD nach Berlin (West)
Grotewohl-Expreß	Berüchtigter Zug für den Gefangenentransport aus den fünfziger Jahren. Benannt nach dem ehemaligen Regierungschef Otto Grotewohl
Walter-Ulbricht-Wagen	Straßenbahnwagen mit Verbindung zum Durchgehen – Deutung des Volksmundes: W.U. – ohne Anhänger
Das Bruchzeug	In Dresden wurde auf Geheiß der DDR-Führung eine eigene Flugzeugherstellung begonnen. Das Flugzeug stürzte auf seinem Jungfernflug ab

Intersturz

Die DDR-Fluggesellschaft Interflug nach dem Absturz eines Flugzeuges bei Königswusterhausen

D-Markationslinie

Die Staatsgrenze zur Bundesrepublik Deutschland

Radio Riesa

»Tarnname« in den fünfziger Jahren für den Radiosender RIAS, der in den Medien der DDR besonders attackiert wurde

Mumienexpress
Silberhaarexpress

Die Züge in die Bundesrepublik mit Rentnern aus der DDR. Sie waren viele Jahre die einzigen, die eine Besuchserlaubnis bekamen

Interpiss   Der offizielle Halteplatz für Busse im Transitverkehr zwischen der Bundesrepublik und Westberlin an der A9

Zirkus Krenz   Die letzte Phase des Zentralkomitees (ZK) der SED unter Führung des Berufslächlers Egon Krenz

Tag der Hinterbliebenen

Tag der Grenzöffnung zwischen der Volksrepublik Ungarn und Österreich am 10. September 1989, die vielen DDR-Bürgern die Flucht in den Westen ermöglichte

Wendehals

Der eben aktiv für den »Sozialismus in den Farben der DDR« eingetretene, nunmehr schnell gewendete Anhänger des Pluralismus der westlichen Demokratie

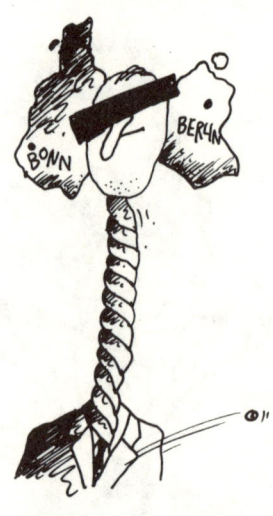

Die letzten Republik- bzw. die letzten Botschaftsflüchtlinge

Margot und Erich Honecker nach ihrer Flucht mit Hilfe der Roten Armee per Flugzeug in die UdSSR. Nach dem Zusammenbruch der Sowjetunion fanden sie in der chilenischen Botschaft in Moskau Unterschlupf

24

Konsumgüter mit Weltniveau!

Fahrzeuge

Pappsiebzig

P 70 – Vorläufer des »Trabant«, der bereits die legendäre Kunststoffkarosse besaß

Rennpappe
De Babbe (sächs.)
Pappschachtel
Pappkäfer
pappüberdachtes
Bodenblech
rasende Wellpappe
überdachte
Zündkerze
Zwickauer
Flüchtlingskoffer
Gehhilfe
Carton de blamage
Duroplastbomber
Sachsenporsche
Legende auf Rädern
Asphaltpickel
Asphaltblase
Der erste Koffer-
raum ohne Auto
Mittelsächsischer
Lumpenpreßling
Arbeiter- und
Bauern-Volvo

Kleinwagen »Trabant« vom VEB Automobilwerke »Sachsenring«

Knatterfurz	
Mercedes Krenz	
Plastejaguar	
Zittröhn	Vorn zittert er, hinten dröhnt er
Siegertreppchen	Der »Trabant« hat eine schnittige Treppenform
Kastrationshilfe	Der Kleinwagen in einer schlaglochreichen Straße

Wartbürger	Bürger der DDR, der auf einen PKW »Wartburg« angemeldet war
Zappelfrosch	Sowjetischer Kleinwagen der
Soljankaschüssel	Marke Saporoshez (»Wer früher
Ukrainische	einen Esel drosch, fährt heute
Soljankaschüssel	einen Saporosh!«)
Gurkenhobel	
Chruschtschows	
Rache	

Der schnellste Traktor und der leiseste Panzer

T 34 de luxe Der T 34 war der bekannteste sowjetische Panzer

Rostquietsch Die sowjetische Automarke Moskwitsch

Kosakenmercedes Das in der UdSSR gebaute Auto vom Typ LADA (eine FIAT-Lizenz)

Ceausescus Rache Karpatenschreck Balkanziege Rumänischer Kleintransporter

Böhmisch- Mährischer Schnellroster Wagen der Automarke Škoda (ČSSR)

Golfstrom In den 80er Jahren wurden unerwartet 10.000 VW Golf aus der Bundesrepublik importiert

Hamsterhaken

Die Hängerkupplung an Personen-
kraftwagen, die durch Anhängen
eines ebenfalls raren Anhängers
den reichhaltigen Einkauf von sel-
tenen Waren ermöglichte

Indianerfahrrad

Moped vom Typ Jawa-Mustang

Zwiebacksäge

Moped aus der Produktion vom
VEB Simson Suhl

**Dubček-Panzer
Dubčeks Rache**

Die schweren Tatra-Straßenbahnen
aus der ČSSR

Lebens- und Genußmittel

Kapitalistischer Brotaufstrich
Butter. Bis gegen Ende der sechziger Jahre kam es diesbezüglich immer wieder zu »Versorgungsschwierigkeiten«

BBB
Margarine in der DDR: Backen-Braten-Bohnern

Stalintorte
Brot mit Salz (aus der Frühzeit der DDR)

Jahresendfrucht
Apfelsine. Über Jahre gab es solche Südfrüchte höchstens in der Weihnachtszeit

Fidels Rache
Die zumeist grünen Kuba-Orangen minderer Qualität

Gummiadler

Das Brathähnchen, das in der DDR Broiler hieß – die Hauptnahrung aller in stark frequentierten Urlaubsgebieten privat Untergekommener

Dreifarbenfisch

Aal. Grün gefangen, braun geräuchert, schwarz verkauft

Gelber Gräßlicher

Über viele Jahre gab es als einzigen Apfel in der Winterzeit die Sorte »Gelber Köstlicher« zu kaufen

Arbeiter-Ananas

Konserven mit süß eingeweckten Kürbisstückchen

Kumpeltod

Ein Deputatschnaps, den Angehörige der SDAG (Sowjetisch-deutsche Aktiengesellschaft) Wismut und anderer Bergbaubetriebe erhielten

Blauer Würger
Bakelit-Schnaps

Besonders übler Fusel – benannt nach dem blauen Etikett. Originalname: »Kristall-Wodka« (»Für hundert Etiketten gibt es einen Blindenhund.«) Bakelit war ein Kunststoff

Null-Siebener
Glasmantel-
geschoß
Null-Siebener Rohr

Die bei schnell improvisierten Feiern während der Arbeitszeit beliebte 0,7-Liter-Schnapsflasche

Altenburger Sterbehilfe

Diesen Begriff mit dem entsprechenden Ortsnamen gab es in der DDR jeweils für mieses Bier verschiedener VEB Braukombinate

Sachsenplembe

Bier des VEB Braukombinat Leipzig

48er Bolzen

Helles Flaschenbier für 48 Pfennig

Nato-Lulle   West-Zigarette

Perlonkaffee   Perlon ist eine Kunstfaser, die in den 50er und 60er Jahren vor allem zu Strümpfen und Hemden verarbeitet wurde. Wegen des durchsichtigen Materials nannte man dünnen Kaffee in Gaststätten so

Erich's Krönung
Mokkafuck
Bohnenlose
Gemeinheit
Neutronen-Kaffee

Kaffee-Mix. In den siebziger Jahren stieg der Kaffeepreis auf dem Weltmarkt. Der chronische Devisenmangel veranlaßte die Parteiführung, eine besonders ungeliebte Mischung von Original- und Ersatzkaffee zu produzieren. In diese Zeit fiel die Nachricht der Produktion von amerikanischen Neutronenbomben, bei denen Leben zerstört, aber Bauten und Dinge erhalten bleiben. Deshalb Neutronen-Kaffee: »Der Mensch geht kaputt, die Tasse bleibt heil.«

Nahrungssuche
Zweite Schicht

Das normale Einkaufen von Lebensmitteln (vor allem für Bürgerinnen und Bürger, die sich erst nach der Arbeitszeit dieses zweifelhafte Vergnügen leisten konnten)

Pornoshop

Kaufhalle. Wegen fehlender Waren gab es nackte Regale und entblößte Schaufenster

Ha Null

Gemeint ist die HO – wegen des mangelnden Warenangebotes

Sozialistische
Wartegemeinschaft
Einkaufsreihe

Schlange vor Läden und Kaufhallen

33

Rentner-Volvo	Einkaufstasche auf kleinen Rädern
Bückware	Heiß begehrte Waren, die für gute Kunden unter dem Ladentisch lagen
UWUBU **Freßschick** **Freßquisit** **Freß-Ex**	Abkürzung für Ulbrichts Wucherbuden. In den sogenannten Delikat-Läden gab es unter anderem verschiedene Lebens- und Genußmittel aus der BRD zu entsprechenden Preisen. Die Läden waren das Gegenstück zu den überteuerten Bekleidungsläden namens Exquisit
Erich der Delikate	Nachdem das Netz der delikat-Läden ausgebaut wurde, erhielt Honecker diesen Spitznamen
Schnellfresse	Bockwurst- oder Broilerbude
Bismark-Café	In den Bezirksstädten der DDR wurden entsprechend teure Cafés eingerichtet, die der Volksmund so empfand, daß »jeder Biß eine Mark« kostet

Bekleidung

Nato-Plane
Nato-Kutte

Die unter den jungen Leuten der
DDR heiß begehrten Nylon-Mäntel
Ende der fünfziger Jahre

JuMo-Lappen

Von der Partei und FDJ wurde für
Jugendliche die sogenannte
»Junge Mode« initiiert und in
besonderen Geschäften angeboten

Zonen-Jeans
Flatterjeans

Die sich nicht gerade durch
besonderen Chic auszeichnenden
Jeans der DDR-Produktion

Ex-Fummel

Kleid aus einem Exquisit-Geschäft

Die sozialistischen Städte erblühen!

Berlin

Winzer-Stuben

In den 60er Jahren entstand der Neubau des DDR-Außenministeriums, in das der damalige Außenminister Otto Winzer einzog

Fischer-Hütte

Nachdem der Außenminister Oskar Fischer hieß

Sankt Walter
Ulbrichts
Kathedrale
Die Rache des
Papstes
Gottes Rache
Protzkeule
Renommierpimmel

Der Berliner Fernsehturm. Durch die Aluminium-Verkleidung an der Spitze ist bei Sonnenschein ein weithin strahlendes Kreuz zu sehen. Die Mehrheit der Bevölkerung fand den Standort neben der Marienkirche total unpassend. »Telespargel« war eher der offiziell gewünschte Spitzname für das Bauwerk

Lampenladen
Erichs
Lampenladen
Erichs Datsche
Lampenhaus Mitte
Palazzo prozzo
Ballast der Republik
(sächs.)

Der Palast der Republik. Hinter der großen Glasfläche der Vorderfront sind eine Unzahl von Leuchten zu sehen

Fürstengruft	Das abgeschirmte und technisch bestens ausgerüstete Regierungskrankenhaus in Berlin-Mitte
Bonzengrill	Das Krematorium Baumschulenweg
Nuttenbrosche Kommunistenbrause	Der bunt emaillierte »Brunnen der Freundschaft« auf dem Alexanderplatz
Kulturwarze	Kongreßhalle am Berliner Alexanderplatz
Bauchbinde	Gemäldefries am »Haus des Lehrers« am Alexanderplatz von Walter Womacka
Aktivistenritze Nullenkorso Protzdam Große Unfreiheit Sachsendamm	Die in den 50er Jahren mit großem propagandistischen Aufwand erbaute Stalinallee, die nach dem Ende des Personenkultes in Karl-Marx-Allee umbenannt wurde
Zuckerbäckerstil	Allgemeiner Begriff für die stalinistische Architektur mit diversem Zierat
Zickenwiese	Walter-Ulbricht-Stadion (nach dem Bart von W.U.)
Roter Ochse	Gefängnis mit vorwiegend politischen Häftlingen in Berlin-Rummelsburg

**Aserbeid-
schanischer
Hauptbahnhof**

Der neue Friedrichstadtpalast
in der Friedrichstraße

**Tränenbunker
Tränenpalast**

Das Gebäude für die Paß- und Zoll-
kontrolle am Bahnhof Friedrichstraße

Tischkasten

Der Zentralvorstand des FGDB
unter dem Vorsitz von Harry Tisch
bezog in den achtziger Jahren ein
neues Gebäude

**Onkel Tomski's
Hütten**

Das Wohnensemble am Leninplatz
– das Lenin-Denkmal schuf Prof.
Nikolai W. Tomski

Sakko und Jacketti Rentner-Denkmal	Das Marx-Engels-Denkmal. Sacco und Vanzetti setzten sich in den USA für die Rechte der Arbeiter ein
Honniwood	Berlin, Hauptstadt der Deutschen Demokratischen Republik
Neu-Deli	Die Häufung von delikat- und exquisit-Läden in der Leipziger Straße
EDV	Die Stadtgrenze von Ostberlin zur DDR: Ende Der Versorgung

Die fünfte Besatzungsmacht

In Berliner Ämtern und Regierungsstellen gab es viele Sachsen. Klassenbewußte Männer und Frauen wurden zumeist aus dem dichtbesiedeltesten Gebiet der DDR geholt

Volvograd

Das Polit-Prominenzviertel Wandlitz nach Ablösung der sowjetischen Wolga-Automobile durch schwedische Volvos

Hochgeklappte Berliner Stadtautobahn Antifaschuwa

Die Mauer. Die Parteiführung bezeichnete das weltbekannte »Bauwerk« gern als »Antifaschistischen Schutzwall«

Leipzig

Hohler Zahn Weisheitszahn Zahnstocher Professorensilo Professorenrutsche Sprungschanze

Sektionshochhaus der Karl-Marx-Universität

Fröhlich-Flöte

Paul Fröhlich (1913-1970) war Parteichef des Bezirkes Leipzig

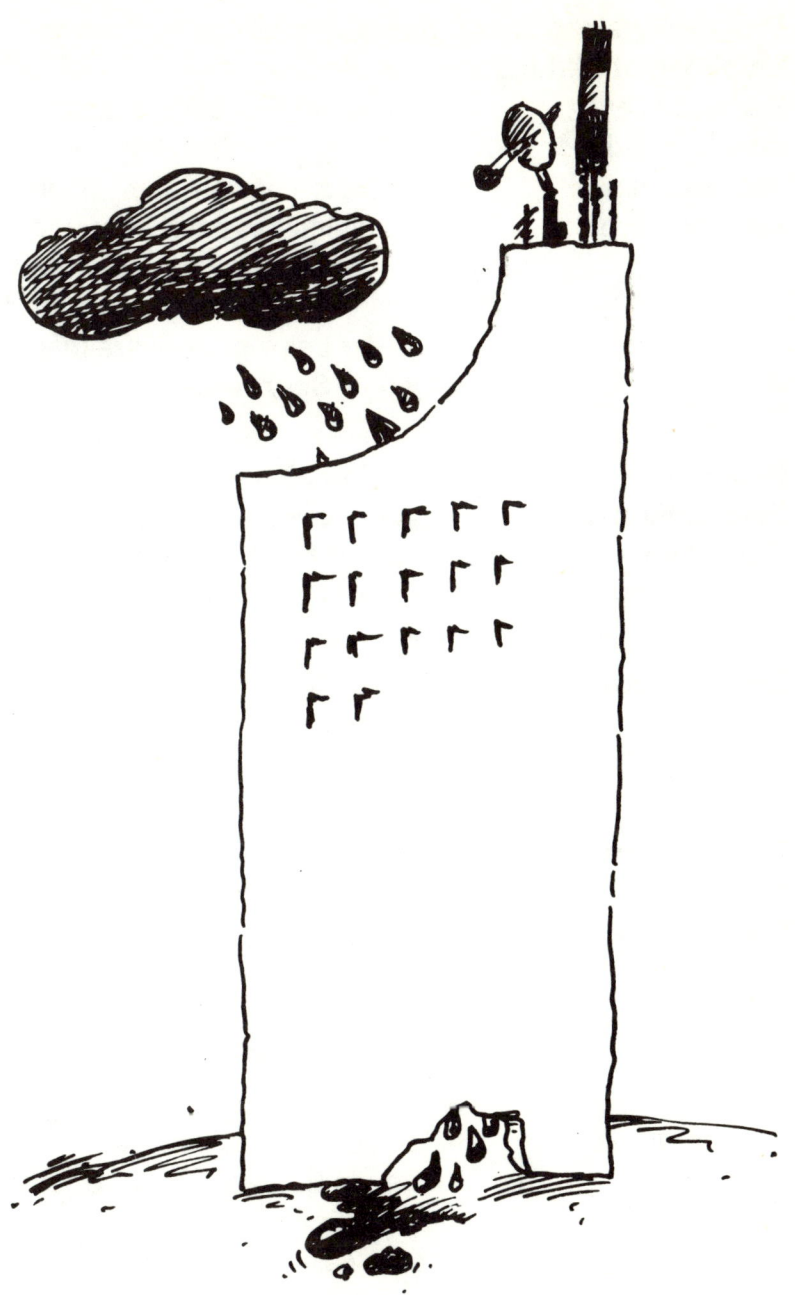

Unser sächsisches Empire statt Bildung Kaderabschuß-rampe im Stil des sächsischen Knüppelbarocks	Aus einem Text des Kabaretts »academixer«. Aus einem Text der »Leipziger Pfeffermühle«. Der Begriff »Knüp-pelbarock« bezieht sich auf die Polizeieinsätze nach Demonstratio-nen gegen den Abriß der Universi-tätskirche. »Uniriese« war eher der von der Leipziger Volkszeitung ver-breitete Spitzname
Protzblech Schwarzkunst Spekulatius	Das Bronzerelief »Marxismus« von Klaus Schwabe, Frank Ruddigkeit und Rolf Kuhrt über dem Hauptein-gang der Universität
Das rote Kloster	In den 50er und 60er Jahren wurde die besonders linientreue journali-stische Fakultät so genannt
Bemmbiggse (sächs.) Blechbüchse Alu-Niere	Das ehemalige Kaufhaus am Brühl wurde als »konsument am Brühl« mit Aluminiumblech verkleidet, damit es besser zur sozialistischen Architektur der angrenzenden Neu-baublocks paßte
Tomatenbunker	Der klotzige Bau eines volks-eigenen Betriebes in der Goethe-straße, Ecke Brühl, dessen Fassa-de teilweise mit rotem Glas verklei-det wurde

Oktoberbeton	Die Wohnhäuser an der Straße des 18. Oktober
Teures Vaterland	So wurde nach Eröffnung das Hotel Deutschland wegen der überhöhten Preise genannt – wegen der Abgrenzung zur BRD wurde es später in Hotel am Ring umbenannt
Rentnerschreck	Die Fußgängerbrücke am Friedrich-Engels-Platz, deren Überquerung wegen der vielen Stufen für ältere Menschen beschwerlich ist
Adolf-Südknecht-Straße	Die größte Ausfallstraße nach Süden hieß im Laufe der Zeit Süd-, dann Adolf-Hitler- und schließlich Karl-Liebknecht-Straße
Granada	In einer Kaserne der Roten Armee in Grünau kam es zur Explosion von Munition (Granaten)

Dresden

Freßwürfel

An der Stelle der abgerissenen Ruine der Sophienkirche wurde ein »Gastronom am Zwinger« errichtet

Komische Oper Aurora

Das Heizkraftwerk Mitte. Wegen der drei Schornsteine wie beim russischen Panzerkreuzer »Aurora«

Der rote Bahnhofsvorsteher

Ein Lenin-Denkmal aus rotem Stein stand gegenüber dem Dresdner Hauptbahnhof

Tal der Ahnungslosen Bermuda-Dreieck

Die Stadt Dresden und ein Teil des ehemaligen Bezirkes konnten durch die ungünstige Lage keine West-Programme im Fernsehen empfangen

Halle

Mahnmal der Wohnungssuchenden Knobelecke

»Monument der revolutionären Arbeiterbewegung« von Gerhard Lichtenfeld, Siegbert Fliegel und Heinz Beberniß. Aus einem Block ragen drei Arme mit geballten Fäusten

Böhme's Café

Das Gebäude der SED-Bezirks-
leitung – Parteichef des Bezirkes
Halle war Hans-Joachim Böhme

Betonroulade

Das Fahnenmonument aus Beton
von Siegbert Fliegel

Ha-Neu

Das lange Zeit größte Neubauviertel der DDR, Halle-Neustadt, mit
dem Bezug zu in der damaligen
Zeit ständig in den Medien be-
schriebenen Stadt Hanoi (Vietnam)

Karl-Marx-Stadt/Chemnitz

Karl-Chemnitz-Stadt
Charlytown
Kamasta

Verhohnepiepelung nach der
Umbenennung

Karl-Napp-Stadt

Karl Napp war seinerzeit ein
bekannter Komiker.

Karl-Murks-Stadt

Gegen »Murks« (schlechte Arbeit)
zog die Partei immer zu Felde.

Cad-Camnitz

In Anlehnung an CAD/CAM und
den entsprechenden Dialekt (»Ruß-
Chams«)

Säge

Das Gebäude der SED-Bezirks-
leitung – ein im Grundriß zick-
zackförmiger Bau

Dorr Nischl
Kerbelerbse

Der überdimensionale Karl-Marx-
Kopf von Leo Kerbel

Schädelgasse
Nischlgasse

Die an der Plastik vorbeiführende
Straße

Chinesische Mauer

Das Neubaugebiet »Fritz Heckert«

Paprikaturm

In einem Hochhaus wohnten »un-
garische Werktätige«

Andere Städte der DDR

Penis jenensis
Keksrolle

Das runde Universitätshochhaus
in Jena

Stalintempel	In den 50er Jahren wurde am Dr.-Friedrichs-Ring in Zwickau ein Pavillon der Deutsch-Sowjetischen Freundschaft mit einem Sowjetstern an der Spitze gebaut
Elefantenklo	Das in Bad Frankenhausen als rundes Haus erbaute »Denkmal für die frühbürgerliche Revolution in Deutschland« mit dem Panoramagemälde von Werner Tübke
Kreml	Das Gebäude der SED-Bezirksleitung in Potsdam
Schiffshebewerk	Die mitten in der Stadt stehende Investruine der Stadthalle Erfurt
Waltershausen	Das Gästehaus des DDR-Staats- und Parteichefs Walter Ulbricht bei Oberhof
Partisanenhöhe	Ein Imbiß in der sächsischen Kreisstadt Wurzen, den vor allem Angehörige der Roten Armee zur Versorgung mit Alkohol nutzten
Panzersperre	Eine wandartige Wasserfontäne auf dem Platz der Republik in Frankfurt/Oder

Allgemeine Begriffe

Schlammhausen

Die neuen sozialistischen Wohnviertel in der DDR. Die Einwohner mußten zumeist Jahre warten, bis endlich alle Wege befestigt waren

Arbeiterschließfach
Arbeiterwohnregale
Arbeiterintensiv-
haltung
Kommunistenvilla

Die Wohnung im Neubaublock in der berühmt-berüchtigten Plattenbauweise

Schnarchsilos

Die Hochhäuser im Neubauviertel

Starenkästen

Briefkastensammelanlagen in Ortschaften, um die Einzelzustellung einzusparen

Stalkerwald

Die Umweltschäden im Erzgebirge. Die toten Bäume erinnern an die beklemmenden Bilder des sowjetischen Films »Stalker« von Andrej Tarkowskij

Ordnung und Sicherheit ständig gewährleisten!

Ortssheriff	Abschnittsbevollmächtigter der Deutschen Volkspolizei
Hilfssheriff	Freiwilliger Helfer der Volkspolizei
Vopo	Volkspolizist.
Schnittlauch	Weil grün, innen hohl und tritt nur gebündelt auf
Kantenlatscher	Streifenpolizist

Bullenschaukel	Funkstreifenwagen.
Spinat mit Ei	Nach der Farbe: grün und gelblich
Arbeitersalami	Gummiknüppel der Deutschen
Migränestäbchen	Volkspolizei
Agitator	
Diktator	

Elektropetze	Sprechfunkgerät der VP oder Bereitschaftspolizei
Bepo oder Beeboh (sächs.)	Bereitschaftspolizei (Sondertruppe für die innere Sicherheit der DDR)
Plembe (sächs. schlechter Kaffee)	
Pfefferminzsoldaten	
Honnis	
Knüppelgarde	
Trapo	Die Transportpolizei gab es im Bereich der Deutschen Reichsbahn
Schotterschutz	Sie hatten dunkelblaue Uniformen
Schwarze Schaffner	

Die rote Guillotine	Hilde Benjamin (1902-1989), Vizepräsidentin des Obersten Gerichts der DDR und Justizministerin erhielt diesen »Ehrennamen« nach dem 17. Juni 1953
Gelbes Elend	Zuchthaus Bautzen (ein gelber Backsteinbau)
Mielkes Privatknast	Stasi-Gefängnis Bautzen II
Stasi **Firma** **Konsum** **Innere Mission** **Sicherheitsnadel** **Lederjacken** **VEB Horch** **und Guck** **Horch, Guck** **und Greif**	Staatssicherheit

Paul Greifzu	Paul Greifzu war ein bekannter Motorsportler
Klappfix	Dienstausweis der Stasi-Mitarbeiter
Knirpskolonne	Die unauffälligen Herren, die bei Festen oder Demonstrationen – vor allem in der Nähe von Ehrentribünen – mit dem kleinen Regenschirm in der Hand für eine störungsfreie Durchführung sorgten

Treppenterrier
Horcher
Ladenhorcher
Dr. Allwissend
Langohr
Gummiohr

Inoffizielle Mitarbeiter der Staatssicherheit (IM)

Runde Ecke

Die Stasi-Zentrale in Leipzig.
Das Gebäude der ehemaligen
Feuerversicherung wurde am Ring
mit einer Rundung gebaut

Tag und Nacht auf Friedenswacht!

VEB Gleichschritt
Fahne
Asche
Hoffmanns
Trachtengruppe

Die Nationale Volksarmee (NVA) –
ihr Chef war viele Jahre der Armee-
general Heinz Hoffmann
(1910 – 1985)

Maskenball

Dieses »Fest« fand jeweils nach der
Uniformausgabe statt. (Auch für
Schikane nach dem offiziellen
Dienst mit ständigem Wechsel der
verschiedenen Uniformen.)

Waffeleisen
Kühlbleche
Sicherheitsleisten

Gefreitenbalken auf den Schulter-
stücken

Frühgurke
Frühbeet

Vorzeitig Beförderter

Tagesack   Neueinberufener

Tagecontainer   Unteroffizier – Anspielung auf die
Tausendtagediener über 1000tägige Dienstzeit
(Verpflichtung für drei Jahre NVA)

Faschingsgefreiter   Unteroffiziersschüler mit Schulter-
stücken, die denen der Gefreiten
ähnelten, mit einem farbigen Strei-
fen für die Waffengattung, zum Bei-
spiel rot für Artillerie

Rotschwänzchen   Angehöriger der Artillerie

Kundendienst   Die Militärstreife, abgeleitet von
KD: Kommandanten-Dienst

Dienetod   Offizier
Tagessilo
Brot

Kratzerplatte   Bestenabzeichen, wurde vor allem
an jene verliehen, die sich mit den
Offizieren gut stellten

Klingelkandidat Radfahrer mit goldener Klingel	Besonders eifriger NVA-Angehöriger, der vorzeitig befördert wurde
Geratze	Als überflüssig und lästig empfundene Ausrüstungsgegenstände zur Kampfuniform. Gleichzeitig abwertender Ausdruck für Berufsoffiziere
Pferdedecke	Wintermantel für Rekruten
Gesichtsfrommser Schnuffi	Gasmaske
Der Knitterfreie	Stahlhelm

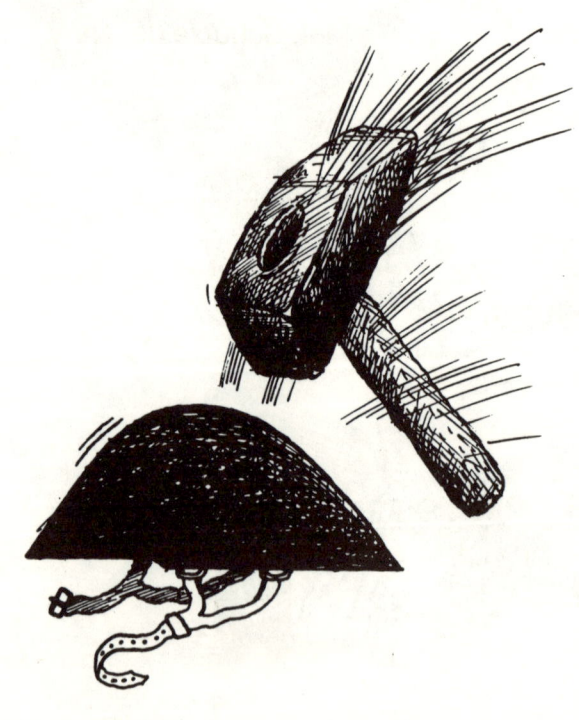

Sakiema	Die Sand- und Kiefernmacke – bekam man in abgelegenen Truppenteilen von Brandenburg oder Mecklenburg
Hängelin	Angebliches Mittel zur Dämpfung sexueller Bedürfnisse, das über Tee oder Kaffee verabreicht würde – existiert aber nur in der Phantasie der Soldaten
Jumbo	Ein grauer Tarnumhang, der elefantenähnliche Figuren zauberte
Muckerlöffel	Feldspaten
Muschkote Sandlatscher Staubfresser	Mot.-Schütze der NVA
Panzerfett	Billige Mettwurst
Spurgang In die Spur gehen	Unerlaubt Alkohol besorgen

Rohr **U-Boot** **Eine Pulle Ruß**	In Kasernen eingeschmuggelte Schnapsflasche
Eisenschwein	Achträdriger Schützenpanzerwagen
Die Friedenstauben husten	Der Überschall-Knall der sowjetischen MIG-Jäger
Lehm-Ei	Leistungsabzeichen der NVA
Affenschaukel	Schützenschnur an der Uniform
Kellnerjacke	Weiße Paradeuniform der NVA-Offiziere
Pickel	Die Sterne auf den Offiziersschulterstücken

Käseknief	Der Offiziers-Ehrendolch
Atombrot	In Konservenbüchsen einge-schweißtes Brot für die Marschver-pflegung
Rüsseltraktoristen	Angehörige der Panzertruppen
Hobbyoffiziere	Offiziere auf Zeit
Klein-Moskau	Bezeichnung für Wohnviertel, in denen Offiziere der Roten Armee mit ihren Familien wohnten

Beliebte Abkürzungen – anders gedeutet!

DDR
(Deutsche
Demokratische
Republik)

Die Drei Russenknechte (Pieck, Ulbricht, Grotewohl)
Dawai, Dawai, Rabota (Schnell, schnell, arbeiten)
Der Deutsche Russe
Deutsche Dogmatische Republik
Der Dämliche Rest
Der Doofe Rest
Devisen Durch Rentner (Nachdem Rentner in den Westen reisen durften und dadurch Devisen ins Land kamen)
Deutsche Dackel-Rennbahn (bei Schulkindern üblich)
Deutsche Demolierte Republik
Deutsche Demonstrierende Republik (letzte Deutung ab Herbst 1989)

SED
(Sozialistische
Einheitspartei
Deutschlands)

Stalins Ergebenster Diener
So Endet Deutschland
Staatssicherheit, Entmündigung, Diktatur
Sauwirtschaft, Egoismus, Diebstahl
Sucht Euch Dumme
Selten Etwas Da
Shop, Exquisit, Delikat

SED/PDS	Schnelles Ende Der Partei Des Sozialismus
ZK (Zentralkomitee der SED)	Zum Kotzen
PKK (Parteikontroll- kommission der SED)	Plötzliche Prophylaktische Kur (Synonym für Amtsenthebung)
SSD (Staatssicher- heitsdienst)	Sind So Dumm!
GHG (Großhandels- gesellschaft)	Gucken, Horchen, Greifen (Für Stasi)
SOS	Schweig Oder Sitz!
GPU (Abkürzung für den sowjetischen Geheimdienst)	Grotewohl, Pieck, Ulbricht
EGON	Gemeint ist Egon Krenz: Er Geht Ooch Noch! Ein Genosse Ohne Nutzen

ND **(Neues** **Deutschland)**	Noch Da? (in der Endphase der DDR)
FDGB **(Freier Deutscher** **Gewerkschafts-** **bund)**	Für Die Guten Bekannten (Waren »unterm Ladentisch« = Bückware)
FDJ **(Freie deutsche** **Jugend)**	Fünf dumme Jungs Für den Jämmerlichen
DFD **(Demokratischer** **Frauenbund** **Deutschlands)**	Dienstbar, Folgsam, Dumpf Duldsame Friedliche Damen Dies Für Das (Synonym für diversen Tauschhandel) Dicke Fette Damen
SALVE	Schieber Aller Länder Vereinigt Euch! (Gebräuchlicher Gruß der Grenzgänger an der »grünen Grenze« in der Nachkriegszeit)
VEB **(Volkseigener** **Betrieb)**	Vaters Ehemaliger Betrieb (nach der Enteignung) Vorteil Einer Besatzungsmacht Vorsicht, Es Bröckelt! Von Erich Befreit (nach dem Herbst 1989)

LPG
(Landwirtschaft-
liche Produktions-
genossenschaft)

Letzte Private Gaststätte
Leider Pech gehabt

HO
(Handels-
organisation)

Hungernder Osten (aus den frühen
Jahren der DDR)

KONSUM

Kaufe Ohne Nachzudenken
Schnell Unsern Mist

CAD/CAM

Robotron-Technik: Computer Am
Dienstag/Chaos am Mittwoch

SKET
(Name des Schwer-
maschinenkom-
binates »Ernst
Thälmann« in
Magdeburg)

Sehen, Kaufen, Einlagern,
Tauschen
(Kürzel für private Waren-
bewegung)

RUHLA
(Name eines
Uhren-Kombinats)

Reparatur Unmöglich Hauptsache
Läuft Anfangs

MAS
(Maschinen-
Ausleihstation)

Mit Allen Schikanen (Bezogen auf
Anzahl und Qualität der Landwirt-
schaftsmaschinen in den fünziger
Jahren)

WTZ
(Wissenschaftlich-
Technisches
Zentrum)

Wir Trinken Zusammen
Warm, Trocken, Zufrieden

DR
(Deutsche Reichsbahn) Dein Risiko

EVA

Eine Kennzeichnung an Kessel-
wagen der Reichsbahn, wurde
gedeutet: Erich Verkauft Alles

UdSSR
(Union der
Sozialistischen
Sowjetrepubliken)

Unter dem Sofa Sitzen Räuber
(Kinderspruch)

CA **(Sowjetski Armija /** **Die Rote Armee)**	Circus Aljoscha C & A Camping in Afghanistan (nach dem sowjetischen Einmarsch)
SFB **(Sender** **Freies Berlin)**	Sender für Berufssoldaten
LOT **(Polnische** **Fluggesellschaft)**	Landet Ooch Tempelhof – nach- dem eine Maschine von Schöne- feld nach Westberlin entführt wurde
ZDF/ARD	Zentrales Deutsches Fernsehen/ Außer Raum Dresden
RAMSES **(Zigarettensorte** **aus den frühen** **Jahren der DDR)**	Rauchen Minister auch Solch Eine Sorte? Die zweite Variante ist von hinten zu lesen: Solch einen Schund Müs- sen Arbeiter Rauchen!
TURF **(dito)**	Täglich Unter Russischer Fuchtel
CASINO **(dito)**	Conrad Adenauer Sitzt Immer Noch Oben
DELIKAT	Dein Einkommen Langt Im Kom- munismus Acht Tage

SUHL
(Thüringische
Bezirkshauptstadt)

Sozialistisches Unabhängiges
HochLand

Neue Maßeinheiten!

Ein Ulb
Ein Schnitz

Die Maßeinheit für die Energie-
menge, die benötigt wird, um den
Fernsehapparat auszuschalten,
wenn Walter Ulbricht oder Karl-
Eduard von Schnitzler auf dem
Bildschirm erscheinen

Ein Jähn

Der Abstand zwischen zwei Kos-
monauten-Plakaten. Siegmund
Jähn war der erste Deutsche im
Weltraum und die DDR war mit
Plakaten zum deutsch-sowje-
tischen Weltraumflug übersät

Ein Honeck

Die Entfernung zwischen zwei Intershops. Unter Honeckers Herrschaft wurde das Netz der Intershops im Land ausgebaut

Ein Arndt

Nach dem Namen des DDR-Verkehrsministers Otto Arndt (1920–1992), gebräuchliche Maßeinheit für Zugverspätungen. Unterscheidung in ein Sommer-Arndt = 15 Minuten und ein Winter-Arndt = 30 Minuten

Herzlichen Dank allen Einsendern von Wortschöpfungen des DDR-Volks-mundes:

Viktor Bartsch, Hettstedt / Dr. Heinrich Bennemann, Leipzig / Frank Czerny, Zwenkau / Werner Blanke, Glauchau / Günter Domke, Markkleeberg / Reinhard Dorn, Leipzig / Silke und Uwe Fischer, Dresden / Steffen Förster, Meißen / Dr. Heinz Frauendorf, Berlin / Sigrid Herbst Leipzig / Egbert Herfurth, Leipzig / Gregor Kaufmann, Böhlen / Dr. Peter Kind, Taucha / Klaus König, München / Burkhard Knoppik, Leipzig / Helgard und Dieter Kuhn, Leipzig / Gunter Kuhs, Halle / Reinhard Kühn, Chemnitz / Prof. Dr. Ewald Lang, Berlin / Alexander Lange, Leipzig / Stefanie Lange, Leipzig / Werner Lange, Zwickau / Martin Löschmann, Leipzig / E. Lucas, Leipzig / Hans-Walter Molle, Leipzig / Irmengart Müller-Uri, Greiz / Heiko van de Sand, Leipzig / Gernot Sandig, Pößneck / Ulrich Schaarschmidt, Chemnitz / Erhard Schaarschmidt, Leipzig / Anni Schröter, Leipzig / Frau Schmidt, Oschatz / Günter Spittel, Günthersleben / Michael Teubner, Jena / Andreas Thimm, Berlin / Doris Tichelmann, Zwickau / Fritz Thomas, Leipzig / Prof. Thomas Topfstedt, Leipzig / Michael Wilhelm, Leipzig / Joachim Winter, Wiederitzsch / Esther von Wirth, Leipzig / Wolfgang Zürch, Kiliansroda

Weitere Titel von

3-8218-1263-X
12,80 DM / 100,– ÖS / 12,60 SFr

»Was machsdn du eichendlich am liebsdn, Reeschen?«
»Am liebsdn dorne ich.«
»Da bisde ja ä richdches Dornreeschen!«

Verlagsverzeichnis schickt gern:
Eichborn Verlag, Kaiserstraße 66, 60329 Frankfurt

Bernd-Lutz Lange